BOEKANALYSE

AF142056

De Kleine Prins

· · · · · · · · · · · · · · · ·

ANTOINE DE SAINT-EXUPÉRY

BOEKANALYSE

Geschreven door Pierre Weber
Vertaald door Nikki Claes

De Kleine Prins

Antoine de Saint-Exupéry

ANTOINE DE SAINT-EXUPÉRY

FRANS SCHRIJVER, DICHTER EN PILOOT

- **Geboren in Lyon in 1900**
- **Gestorven voor de kust, bij Corsica in 1944**
- **Opmerkelijke werken:**
  - *Nachtvlucht* (1931), roman
  - *Wind, zand en sterren* (1939), roman
  - *De Kleine Prins* (1945), roman

De Franse piloot en schrijver Antoine de Saint-Exupéry werd in 1900 in Lyon geboren en stierf in 1944 voor de kust bij Corsica, tijdens een verkenningsvlucht voor de geallieerden. Als pionier van de luchtpost en onvermoeibare ontdekkings-reiziger publiceerde hij zijn eerste werken tussen de jaren twintig en dertig, waarvan vele autobiografisch waren (*Southern Mail*, 1929; *Night Flight*, 1931).

De kleine prins (1945) en *Wind, zand en sterren* (1939, winnaar van de Grand Prix du roman van de Académie française) blijven twee van zijn grootste literaire successen.

DE KLEINE PRINS

EEN UNIVERSEEL EN DIEPGAAND VERHAAL

- **Genre:** Verhaal
- **Referentie-uitgave:** De Saint-Exupéry, A. (2000) *De kleine prins.* San Diego: Harcourt.
- **Eerste uitgave:** 1943
- **Thema's:** kindertijd, leren, volwassen wereld, vriendschap/liefde, leven/dood

De Kleine Prins, een bijzonder beroemd filosofisch verhaal, is het verhaal van een ontmoeting tussen een in de Sahara gestrande piloot en een jong kind dat rechtstreeks uit de sterren lijkt te komen. Het is een inwijdingsverhaal met een sterke symbolische dimensie en werd voor het eerst gepubliceerd in 1943 in de Verenigde Staten in de vorm van een Engelse vertaling, geïllustreerd door de auteur, en vervolgens in 1945 in Frankrijk, na de dood van de schrijver.

Het is een onmisbare referentie in de Franse literatuur en het succes ervan in de boekhandel is nog steeds groot.

SAMENVATTING

EEN KIND DAT UIT DE LUCHT VIEL

Geschreven in de eerste persoon, onthult *De Kleine Prins* enkele jeugdherinneringen van de verteller, uit de tijd dat hij graag boa constrictors tekende. Maar toen hij zijn "meester-werken deelde met volwassenen", adviseerden zij hem zich te wijden aan "aardrijkskunde, geschiedenis, rekenen en grammatica".

Na een eenzame jeugd wordt de verteller piloot. Het is na een noodlanding midden in de Sahara dat hij de kleine prins ont-moet. Hij is een kind, met hetzelfde uiterlijk als de anderen, dat verdwaald is in de woestijn en toch niets lijkt te manke-ren. Hij wekt de piloot na de eerste nacht wachten en vraagt hem: "Als u alstublieft... teken mij een schaap".

Verbaasd doet de piloot wat hij vraagt. Maar geen van zijn schetsen lijkt de kleine prins tevreden te stellen. Als laatste redmiddel tekent hij een doos met gaten en zegt tegen de kleine jongen: "Het schaap dat je zoekt zit erin". Dit stelt de prins tevreden die, nu gelukkig, opmerkt dat het schaap in slaap is gevallen.

EEN ONGEWONE DAGELIJKSE ROUTINE

In de dagen die volgen leert de verteller de kleine prins ken-nen. Hij ontdekt dat hij afkomstig is van de asteroïde B-612, een planeet die zo klein is dat hij nauwelijks groter is dan een huis. Het leven van de kleine prins wordt in beslag genomen door dagelijkse bezigheden zoals het vegen van zijn drie kleine vulkanen of het snoeien van de baobabs, gevaarlijk onkruid dat de planeet zou bedreigen als het zijn volwassen grootte zou mogen bereiken.

De kleine prins keek graag naar zonsondergangen: de asteroïde was zo klein dat hij zich maar een paar meter hoefde te verplaatsen om weer een zonsondergang te zien. De jongen zegt dat hij ooit drieënveertig zonsondergangen op één dag heeft gezien.

De jongen vertelt ook het verhaal van zijn roos. Op een dag was hij getuige van de geboorte van een even mooie als veeleisende roos. Hij werd verliefd, maar de grillen van de ijdele bloem wonnen het uiteindelijk van zijn geduld.

DE WERELD VERKENNEN

De kleine prins besloot toen zijn roos en zijn asteroïde te verlaten om de planeten te verkennen. Onderweg kwam hij een reeks kleurrijke personages tegen: de zelfbenoemde regerende koning van een illusoir koninkrijk, een verwaand man, een alcoholist, een zakenman die geobsedeerd was door het tellen van de sterren die hij bezat, een lantaarnopsteker wiens planeet zo klein was dat hij voortdurend moest werken, en tenslotte een geograaf, een man van boeken die weigerde zelf de wereld te verkennen. De kleine prins werd getroffen door de absurditeit van de zorgen van deze personages en door hun eenzaamheid.

Het kind kwam toen op aarde aan. Daar ontmoette hij een slang die in raadsels sprak, daarna een "bloem van geen enkele betekenis", voordat hij de echo van de bergen ontdekte en tenslotte kwam hij midden in een prachtige rozentuin terecht, waar hij zich met droefheid realiseerde dat er niets unieks was aan zijn eigen roos.

ESSENTIEEL IN HET LEVEN

Op een dag ontmoette hij een vos die met heel zijn hart wenste dat de kleine prins hem zou temmen. De vos legde uit dat het woord "temmen" betekende "banden scheppen" (p. 68) en dat hij met hem verbonden zou worden door vriendschap. Voor de kleine prins was dit een kans om de ware betekenis van vriendschap te begrijpen. Hij verliet zijn metgezel vol droefheid.

De laatste kennissen van de kleine prins waren de wisselwachter, die de overvolle treinen sorteerde, en de koopman die dorstlessende pillen verkocht. Daarna keert hij terug naar de woestijn, waar hij de verteller ontmoet.

Er zijn acht dagen verstreken sinds de ontmoeting tussen de verteller en de kleine prins en het gebrek aan water wordt zorgwekkend. De kleine prins neemt de verteller mee naar een bron, een symbool van een onuitputtelijke bron en de schat die in alles en iedereen verborgen zit: "Wat de woestijn mooi maakt [...] is dat er ergens een bron schuilt".

Maar de tijd om te vertrekken breekt snel aan. De verteller slaagt erin zijn vliegtuig te repareren en de kleine prins wordt gebeten door de slang om uit zijn lichaam te breken en terug te keren naar zijn planeet, waar hij opnieuw voor zijn roos zal zorgen. Het verhaal eindigt met de aangrijpende evocatie van de herinneringen van de verteller: "Niets in het universum kan hetzelfde zijn als ergens, we weten niet waar, een schaap dat we nooit hebben gezien een roos heeft gegeten – ja of nee? – een roos heeft gegeten…".

KARAKTERSTUDIE

DE KLEINE PRINS

Met blond haar, een sjaal die altijd in de wind waait en een rinkelend lachje is de kleine prins een mysterieus kind van een verre planeet. Gevoelig en nieuwsgierig stelt hij voortdurend vragen, verkent hij het universum en probeert hij de zin van de wereld en het leven te begrijpen. Hij is de belichaming van de onschuld en zuiverheid van de kindertijd: zijn vage afkomst en onaardse uiterlijk maken hem tot een archetypisch kind.

Saint-Exupéry gebruikte verschillende modellen bij het construeren van het personage. Zijn persoonlijkheid werd rechtstreeks geïnspireerd door de kinderen van zijn vrienden. De dracht van het personage verliep in ieder geval vrij traag (een van de eerste schetsen verscheen in 1940, in een brief aan zijn vriend Léon Werth, aan wie het verhaal ook is opgedragen). Het idee van zijn verschijning in het midden van de woestijn heeft veel te maken met een ongeluk dat Saint-Exupéry meemaakte in Libië, waar hij werd gered door een karavaan nomaden (hulp die "uit de hemel viel", zo zei hij).

Hoewel de zoektocht van de kleine prins nooit expliciet wordt omschreven, worden voor kinderen belangrijke thema's over het leven besproken: liefde, vriendschap, de zin van het leven, de dood, enz. Wat hij zegt lijkt vaak naïef, maar blijkt heel diepgaand te zijn.

DE VERTELLER

Het verhaal geeft weinig inzicht in het karakter van de verteller, behalve dat hij een in de woestijn gestrande piloot is en dat hij een kind vol fantasie was voordat hij voor een serieuzere carrière moest kiezen. Hij is de vertrouweling van de kleine prins en de tussenpersoon tussen het verhaal van de kleine prins en de lezer. Na het verhaal van de kleine prins over wat hij van de vos heeft geleerd, leert de verteller zelf van het kind wat iets belangrijk maakt en wat essentieel is in het leven, met name wanneer ze op zoek zijn naar water in de woestijn. Zijn zoektocht naar de waterput laat zien dat lessen moeten worden geleerd door persoonlijke verkenning, niet alleen door het lezen van boeken.

Het is gemakkelijk voor te stellen dat Saint-Exupéry zelf schuilgaat achter het personage van de verteller: zijn beroep als piloot, zijn jeugddromen en zijn ongeluk in de woestijn zijn allemaal elementen uit het echte leven van de auteur. Ze geven het verhaal een dubbelzinnige status, waarbij werkelijkheid en het wonderlijke door elkaar lopen. Dit is gedaan met de bedoeling duidelijk te maken dat het verhaal niet moet worden gezien als een eenvoudig verhaal voor kinderen, maar als een verhaal dat betekenis draagt en in elke levensfase kan worden gelezen.

DE ROOS

Hoewel de roos slechts in twee of drie hoofdstukken voorkomt, speelt zij een cruciale rol in de hele roman, omdat haar trotse en melodramatische karakter de oorzaak is van het vertrek van de kleine prins. Evenzo is het de herinnering aan zijn roos die de prins doet terugkeren naar zijn planeet: "Weet je – mijn bloem… Ik ben verantwoordelijk voor haar. En ze is zo zwak! Ze is zo naïef! Ze heeft vier doornen, zonder enig nut, om zich te beschermen tegen de hele wereld…".

De symbolische waarde van dit symbool is bijzonder sterk. De roos kan worden gezien als de belichaming van de vele verschillende kanten van de liefde:

- Op de planeet van de kleine prins staat zij tegenover de baobabs om de kwetsbaarheid en de rijkdom van de liefde voor te stellen;

- Haar gedrag, wanneer ze probeert de liefde van de kleine prins te winnen door haar min of meer denkbeeldige behoeften te gebruiken om zijn voortdurende aandacht te krijgen, kan een herinnering zijn aan vrouwen;

- De relatie tussen het kind en de roos is een beeld van een romantische relatie: de fouten van elk van de twee persomages – het overdreven belang dat gehecht wordt aan de dagelijkse strijd, het onvermogen om het geluk dat ze hebben waar te nemen en te benutten – verwijzen naar fouten uit het echte leven. De reis van de prins, met name zijn ontmoeting met de vos, stelt ons in staat het begin van een oplossing te zien.

Bovendien kan de roos ook verwijzen naar Louise Lévêque de Vilmorin, de dochter van een goede familie waarmee Saint-Exupéry een romantische relatie had voordat hij zich aan zijn carrière als piloot wijdde. Gedwongen door zijn familie om te kiezen tussen het huwelijk en het vliegen, koos hij uiteindelijk voor het vliegen, een keuze waarvoor hij veel spijt had.

DE VOS

De vos verschijnt vrij plotseling, wanneer de prins in shock is na het ontdekken van de onoriginaliteit van zijn roos. Hij is degene die het kind een van de essentiële dingen in het leven leert: de liefde. Door hem het woord "temmen" te laten begrijpen en het belang van de banden die je met anderen kunt aangaan, laat de vos de kleine prins werkelijk vriendschap en liefde begrijpen: "Als je me temt, zullen we elkaar nodig hebben. Voor mij zul je uniek zijn in de hele wereld. Voor jou zal ik uniek zijn in de hele wereld…". Het is ook zijn wijsheid die de jongen doet begrijpen wat echt belangrijk is in het leven en hoe volwassenen dit helaas maar al te vaak vergeten. Na zijn reis onthult de vos zijn geheim: "Alleen met het hart kan men goed zien; wat essentieel is, is onzichtbaar voor het oog".

DE SLANG

Hoewel de slang in de woestijn in raadsels spreekt, vereist zijn taal minder interpretatie dan de andere figuren in de roman. Om hem te begrijpen is het niet nodig antwoorden te geven of zelfs maar vragen te stellen. Hij is degene die de mysteries van het leven beheerst. Zijn giftige beet is ook een bijbelse verwijzing en geeft aan dat hij een onvermijdelijke dood vertegenwoordigt.

DE BEWONERS VAN DE PLANETEN

Wanneer de kleine prins andere planeten gaat ontdekken, ontmoet hij enkele maffe personages die verschillende aspecten van de menselijke natuur vertegenwoordigen. Door deze ontmoetingen leert hij de wereld van de volwassenen en haar eigenaardigheden kennen:

- De koning vertegenwoordigt de zucht naar macht en de behoefte aan gezag van bepaalde personen;

- De verwaande hoofdpersoon weerspiegelt de behoefte van de mens om gecomplimenteerd te worden. Of vleierij oprecht is of niet is irrelevant ("Doe me dit plezier. Bewonder me toch. ");

- De alcoholist is een allegorie (een voorstelling van een abstract idee door middel van een beeld) van innerlijke terugtrekking en het beeld van de man die aan de werkelijkheid probeert te ontsnappen;

- De zakenman is de belichaming van de trotse man die zo druk is met geld verdienen om rijk te worden dat het echte leven aan hem voorbijgaat;

- De lantaarnopsteker staat voor de man die gevangen zit door de instructies die hij heeft gekregen en waar hij geen controle over heeft, ook al zijn ze absurd: "Er valt niets te begrijpen. Orders zijn orders.";

- De geograaf vertegenwoordigt de wijze man die opgesloten zit in zijn ivoren toren en gevangen zit in zijn boekenkennis. Hij heeft geen kennis van de werkelijkheid ("De geograaf is veel te belangrijk om te lanterfanten. Hij verlaat zijn bureau niet.";

Via deze personages toont de auteur ons de nutteloosheid van al deze gedragingen die eigenlijk wijdverbreid zijn onder volwassenen: "De volwassenen zijn zeker totaal buitengewoon."

ANALYSE

EEN SYMBOLISCH WERK

Achter de schijnbaar naïeve uitstraling van een kinderverhaal, een uitstraling die wordt versterkt door de sobere schrijfstijl en de eenvoudige aquarellen die het werk illustreren, heeft *De Kleine Prins* een aanzienlijke symbolische betekenis.

Net zoals het leert dat wat essentieel is onzichtbaar is voor het oog en moet worden waargenomen via het hart (van de boa die een olifant verteert, tot de put die verborgen is in de woestijn en via het schaap dat verborgen zit in de doos), kan het verhaal zelf worden gelezen als een enigma, een symbool, een doos waarin een boa wordt begraven door kostbare waarheden. Sommige elementen van het verhaal zijn in dit opzicht bijzonder rijk:

- De reis van de kleine prins als inwijdingsreis of ontdekking van de volwassen wereld door een kind;

- De personages van de slang en de vos, die in de westerse cultuur gewoonlijk negatief worden voorgesteld, nodigen ons uit om ze anders te bekijken (de slang brengt de dood als bevrijding; de vos als trouwe vriend die de kleine prins leert temmen terwijl hij ook de vriendschap zelf temt);

- De relatie met de roos, een beeld van liefde, een symbool van kwetsbaarheid en een sleutelfiguur;

- De kleine prins zelf, de belichaming van onschuld, naïviteit en kinderlijke poëzie, een beeld van de kindertijd als geheel dat de verteller weer voor ogen krijgt;

- Andere elementen zoals de verschillende personages die tijdens de reis van de kleine prins worden aangetroffen en die dienen als kritiek op de moderne wereld of, minder vanzelfsprekend, de dorre woestijn, een plaats van eenzaamheid maar ook van verrijking en introspectie, en de put, het beeld van de schat die in alles en iedereen begraven ligt.

De waarde van *De Kleine Prins* – en een van de mogelijke verklaringen voor zijn grote succes – is zeker te danken aan het feit dat geen enkele interpretatie erin slaagt de rijkdom van het werk uit te putten; er blijft altijd iets te ontdekken.

EEN INWIJDINGSREIS

De reis van de kleine prins kan worden gezien als een inwijdingsreis, waarbij het kind het comfort en de veiligheid van zijn huis en zijn familie moet verlaten om de confrontatie aan te gaan met de wereld van de volwassenen, de echte wereld, die hij zelf moet verkennen voordat hij terugkeert naar zijn wortels. Tijdens deze reis moet hij het leven leren begrijpen net zoals de essentiële vragen waarmee elk kind wordt geconfronteerd: liefde, vriendschap, de zin van het leven, de dood, enz.

De ontdekking van de wereld van de volwassenen is soms een pijnlijke ervaring: geconfronteerd met gedragingen en regels die hij niet begrijpt en die hij als absurd ervaart, krijgt de kleine prins slechts onbevredigende of minachtende uitleg. In zekere zin weigert en verwerpt de volwassen wereld hem. Er is een duidelijke parallel met de manier waarop het kind de antwoorden ervaart die volwassenen hem geven op zijn vele vragen.

Het kenmerkende van de inwijdingsreis van de kleine prins is dat deze niet alleen het kind laat groeien, maar ook de volwassene in staat stelt zich te verrijken. Zo stelt de ontmoeting met de kleine prins de verteller, paradoxaal genoeg, in staat om terug te keren naar zijn kindertijd, om zich te ontwikkelen tot een beter begrip van de schoonheid van het leven en de wereld.

EEN KRITIEK OP DE MODERNE WERELD

De tegenstelling tussen de wereld van de kindertijd en die van de volwassenheid is in *De kleine prins* steeds aanwezig. Deze tegenstelling is voor Saint-Exupéry een gelegenheid om kritiek te leveren op de waarden van de volwassenen die de waarden van de moderne wereld zijn geworden.

Alle personages die de kleine prins tijdens zijn reis tegenkomt, op karikaturale wijze beschreven, illustreren de tekortkomingen van de moderniteit:

• Materialisme (de filosofische leer die de materie voorrang geeft boven de geest: bij uitbreiding staat de materialist voor de persoon die op zoek is naar materiële goederen en genoegens), waardoor we cijfers (de zakenman, de geograaf, de beschrijvingen aan het begin van het boek), macht (de koning, de verwaande man) en schijn (de anekdote van de Turkse astronoom) boven alles stellen;

- De hectische race tegen de klok, door de ontmoetingen met de wisselwachter of de verkoper van pillen om alcoholisme te genezen;

- De absurditeit van bepaalde gedragingen, waaronder die van de alcoholist of de lantaarnopsteker, enz.

Als antwoord hierop biedt Saint-Exupéry een fel idealisme, getint met optimisme en dromen. *De Kleine Prins* is dus een pleidooi voor een poëtische en genereuze visie op de wereld.

VERDERE REFLECTIE

ENKELE VRAGEN OM OVER NA TE DENKEN...

- Hoe symboliseert de zoektocht van de kleine prins die van alle kinderen?

- Wat maakt deze tekst tot een verhaal?

- Wat geeft de Kleine Prins een uiterlijk dat als "buitenaards" of "wonderlijk" kan worden omschreven?

- De roos is altijd een zeer symbolische bloem geweest. Welke symbolen associeert Saint-Exupéry ermee in *De Kleine Prins*?

- Wat is de rol van de vos?

- Het verhaal leert dat het essentiële onzichtbaar is voor de ogen en moet worden waargenomen door het hart. Hoe illustreert Saint-Exupéry dit concreet?

- Waarom heeft de auteur zijn verhaal volgens u in de woestijn geplaatst?

- Hoe is de reis van de kleine prins er een van inwijding? Ken je andere werken die over dit soort reizen vertellen?

- Kunnen we zeggen dat de verteller in zekere zin ook een inwijdingsreis ondergaat? Rechtvaardig je mening.

- Wat bekritiseert Saint-Exupéry?

- Wat maakte dit werk volgens u tot een succes bij zowel volwassenen als kinderen?

VERDER LEZEN

REFERENTIE-UITGAVE

De Saint-Exupéry, A. (2000) *De kleine prins*. San Diego: Harcourt.

REFERENTIESTUDIE

Deschodt, E. (1980) *Saint-Exupéry*. Parijs: Jean-Claude Lattès Editions.

AANPASSINGEN

De Kleine Prins. (2008) [Stripverhaal]. Joann Sfar: Gallimard BD.

De Kleine Prins. (1974) [Film]. Stanley Donen. Dir. UK: Paramount Pictures.

*We horen graag van jou! Laat
een reactie achter op jouw online bibliotheek
en deel je favoriete boeken op social media!*

De uitgever garandeert de betrouwbaarheid van de gepubliceerde informatie, die echter niet onder zijn verantwoordelijkheid valt.

www.50minutes.com

Master ISBN: 9782808687409
Papier ISBN: 9782808698801
Wettelijk depot: D/2023/12603/1160

Omslag: © Primento

Digitaal ontwerp: Primento, de digitale partner van uitgevers.